La importancia de nuestros pensamientos

DR. SERGIO CABELLO

Número de Control de la Biblioteca del Congreso de EE. UU.:   2013919897
ISBN: Tapa Dura   978-1-4633-7260-6
                   Tapa Blanda   978-1-4633-7259-0
                   Libro Electrónico   978-1-4633-7258-3

Los versos bíblicos han sido tomados de Reina Valera 1960 y Dios Habla Hoy.

La información, ideas y sugerencias en este libro no pretenden reemplazar ningún consejo profesional. Antes de seguir los consejos o sugerencias contenidos en este libro, usted debe consultar a su médico personal, médico de la salud mental, psicólogo o psiquiatra. Ni el autor ni el editor de la obra se hacen responsables por cualquier pérdida o daño que supuestamente se deriven como consecuencia del uso o aplicación de cualquier información o sugerencia contenidas en este libro.

Este libro fue impreso en los Estados Unidos de América.

Fecha de revisión: 14/11/2013

Para realizar pedidos de este libro, contacte con:
Palibrio LLC
1663 Liberty Drive
Suite 200
Bloomington, IN 47403
Gratis desde EE. UU. al 877.407.5847
Gratis desde México al 01.800.288.2243
Gratis desde España al 900.866.949
Desde otro país al +1.812.671.9757
Fax: 01.812.355.1576
ventas@palibrio.com
504845

Índice

Agradecimientos

En primer lugar, agradezco a Dios
que me llamó por su gracia, sosteniéndome en su amor
y que además me ha permitido escribir este libro,
que para mí es de gran satisfacción,
y estoy seguro será de bendición a muchas personas.
En segundo lugar agradezco a mi esposa Marilis,
quien siempre ha sido mi mayor estímulo
para lograr las metas y objetivos que me he trazado,
siendo este libro uno de ellos.
Asimismo quiero agradecer a la profesora Miriam Cabello
por su valiosa ayuda y aporte en la corrección
y redacción de los capítulos de este libro.
Y también agradezco muy especialmente
la colaboración de Ada Silvera,
quien con sus ideas y consejos prácticos,
terminó de darle forma al ejemplar
que usted tiene en sus manos.

Dedicatoria

*Dedico este libro a todas aquellas personas
que desean cambiar su forma de ser,
a las personas que desean superarse,
a las que no están conforme
con su forma de vida actual
y que no han pensado en rendirse.
En fin, dedico este libro
a toda aquella persona que quiere
dar un paso más, que ha buscado la forma
y manera de ser diferente y que sabe
que de parte de Dios hay algo
mejor para su vida.*

Introducción

Las emociones negativas como la ira, el rencor, la amargura, el odio, son alimentadas en un principio por pensamientos erróneos como la venganza y atizadas con ideas de arrogancia, altivez y prepotencia. Y nadie que tenga estos tipos de pensamientos tendrá una vida placentera y grata. Por alimentar dichos pensamientos no disfrutará de lo bueno y bello que es la vida, envejecerá prematuramente y al final de su vida será conocida como una persona amargada, insegura y con muy pocas amistades verdaderas.

Científica y médicamente se ha comprobado que casi el noventa por ciento de las enfermedades, tanto las sintomáticas como las asintomáticas, tienen su origen en pensamientos erróneos, que llevan a las personas que los tienen a un final infeliz. Lo mismo ocurre con toda actitud violenta y destemplada, esta tiene su origen en pensamientos equivocados. Muchos médicos están convencidos de que si sus pacientes cambiaran los tipos de pensamientos negativos, que engrandecen tanto sus problemas y sus enfermedades, en menos de diez días estarían totalmente curados o en vías de estarlo.

Como dice el Dr. Mario Alonso Puig:

"Se ha demostrado en diversos estudios que un minuto entreteniendo un pensamiento negativo deja el sistema inmunitario en una situación delicada durante horas. El distrés, esa sensación de agobio permanente, produce cambios muy sorprendentes en el funcionamiento del cerebro y en la constelación hormonal."

¿Cómo afectan los pensamientos negativos?

Este es el testimonio de una persona, la cual se dio cuenta que su vida estaba siendo regida por pensamientos negativos:

"En el fondo he estado pensando como afectan a mi vida los pensamientos negativos y puedo decirte que:

Me agotan.

Me hacen infeliz.

Me aíslan.

Me convierten en pesimista.

Me anulan cualquier motivación.

Me contrarrestan la alegría y la energía.

Me restan posibilidades en mi trabajo.

Me convierten en impopular entre mis compañeros.

Los traslado a los seres más queridos, "los educo en la negatividad." Afectan a mi familia de forma muy diversa. Van creando barreras con mis hijos.

Perjudican a mi pareja, le quitan ilusión, entusiasmo, alegría. Me impide ver oportunidades y potencialidades, me sumen en un marco de perjuicios y riesgos.

Me llevan a un concepto del mundo en el que apenas se merece vivir.

Cada vez río menos, me disgusto más, incluso por tonterías. Me irrito cada vez con más gente y con más facilidad.

Me afecta a la salud (dolores de cabeza, úlceras, dolores y tensiones en los músculos).

Me acaban deprimiendo."

Capítulo I

Primero pensamos y luego actuamos.

Se ha dicho muchas veces que el hombre es un ser pensante, es decir, piensa, razona, saca conclusiones, prevé consecuencias antes de actuar, etc. Por ejemplo, cuando una pareja de novios toma la decisión de casarse es porque ya han pensado donde van a vivir, como van a afrontar los gastos de ese nuevo hogar, etc.

Se puede deducir entonces por lo antes expuesto, que el ser humano en condiciones normales, primero piensa y luego actúa.

De la misma forma, todo ser humano en su sano juicio, habla de acuerdo a su forma de pensar. El profesional, culto, letrado, instruido, que tiene un nivel de educación bastante elevado, piensa y habla muy diferente de la persona que tiene un nivel de estudio bajo.

Podemos concluir en esta primera parte que nuestro hablar, nuestro actuar, reflejan sencillamente nuestra forma de pensar.

Los pensamientos siempre están con la persona. Si una persona se levanta muy temprano, digamos que a las cinco de la mañana, a esa misma hora se levantan sus pensamientos y, durante todo el día dichos pensamientos acompañan a esa persona; haciéndola prosperar, superarse, o hundiéndola con ideas de derrotas e imposibilidades. De la misma forma, si esa persona se va a dormir muy tarde en la noche, digamos que a la una de la madrugada, a esa hora es que se acuestan sus pensamientos.

Por tanto he aquí la importancia de nuestros pensamientos; o son un amigo en potencia que nos acompaña durante el día para ayudarnos en todo momento y situación o es un enemigo poderoso que siempre busca llevarnos a sucumbir ante la vida.

La Biblia, que es la palabra de Dios, tiene unos ejemplos de personas que tuvieron pensamientos de fe, de confianza en Dios y en ellos mismos, que actuaron conforme pensaban y fueron bendecidos por el Señor.

Veamos el caso de David: En el primer libro de Samuel a partir del capítulo diez y siete, verso cuatro en adelante, se narra la historia de una batalla entre el pueblo de Israel y el pueblo de los Filisteos. Cada uno de los ejércitos estaba en lo alto de un monte y en medio de ellos se encontraba un valle, donde se iba a llevar a cabo la pelea. Pero dice la Biblia, que del pueblo de los Filisteos salió un gigante llamado Goliat, quien medía aproximadamente dos metros con ochenta centímetros y, se paró delante de los de Israel y les gritó diciendo: "Escoged de entre vosotros un hombre que venga contra mí. Si él pudiere pelear conmigo, y me venciere, nosotros seremos vuestros siervos: si yo pudiera más que él, y lo venciere, vosotros seréis nuestros siervos y nos serviréis."

Y añadió el filisteo: "Hoy yo he desafiado al campamento de Israel: dadme un hombre que pelee conmigo."

Dice la Biblia que cuando el rey Saúl vio al gigante y escuchó el reto, tuvo miedo del gigante y todo el pueblo de Israel también tuvo gran temor.

Todos pensaron que no se podía derrotar a aquel gigante. Por la mente de cada uno de los israelitas pasaron pensamientos de derrota, de imposibilidad, de inferioridad. De nada les valía en ese momento que ellos eran el pueblo escogido de Dios. Ellos habían escuchado de como a sus antepasados Dios los había libertado del yugo de Egipto, de como con mano fuerte y brazo poderoso, Dios los había sacado en victoria; ahora se sentían incapaces de clamar al Señor Dios Todopoderoso para que los librase de este gigante; solamente porque a cada uno su mente se le había llenado con un pensamiento de derrota, y como son los pensamientos del hombre, así es él y así actúa, todos actuaban ahora bajo el temor al gigante, hasta el punto que ninguno se atrevió a pelear con él.

Dice la palabra de Dios, que Goliat estuvo retando y humillando a los Israelitas durante cuarenta días. Narra que salía por la mañana y por la tarde con las mismas palabras. Es decir, ochenta veces, este gigante humilló, avergonzó y escarneció al pueblo de Dios y no hubo uno que se atreviese a pelear con él.

Pero gracias a Dios, que aquí no termina la historia, todo lo contrario, ahora es que viene lo bueno, pues resulta que un señor, ya mayor llamado Isaí, de la tribu de Judá, tenía a sus tres hijos mayores en el campo de batalla. Y dijo Isaí a su hijo menor llamado David: "Toma unos veinte litros de este trigo tostado, y estos diez panes, y llévalos pronto al campamento, a tus hermanos. Llévate también estos diez quesos para el comandante del batallón. Mira como están tus hermanos y tráeme algo que compruebe que se encuentran bien." 1Samuel 17:17-18.

David, pues salió con esa encomienda al campamento de los de Israel y al llegar preguntó por sus hermanos, y estando David conversando con ellos, salió el gigante retando una vez más a los Israelitas y lo oyó David.

Todos los de Israel huían a la sola presencia del gigante y le dijeron a David: "Al que le venciere, el rey le enriquecerá con grandes riquezas, y le dará su hija, y eximirá de tributos a la casa de su padre en Israel." Y contestó David: "¿Quién es este filisteo pagano para desafiar así al ejército del Dios viviente? El hermano mayor de David le respondió diciendo: "Yo conozco tu atrevimiento y tus malas intenciones, porque has venido solo para poder ver la batalla." Más David se mantenía tranquilo respondiéndole a sus hermanos que él estaba ahí porque su padre le había enviado, pero que estaba dispuesto a pelear con el gigante Goliat. Cuando David dijo esto, rápidamente fueron y le dijeron al rey que había un hombre que si se atrevería a pelear con el gigante.

Como era de esperarse, el rey Saúl mandó a buscar a David y lo primero que David dijo al rey fue: "Nadie debe desanimarse por culpa de ese filisteo, porque yo, un servidor de su Majestad, iré a pelear contra él." Más el rey le respondió: "No puedes ir tú solo a luchar contra ese filisteo, porque aún eres muy joven; en cambio, él ha sido hombre de guerra desde su juventud."

Fíjese bien, David dice que él va a pelear, que ninguno se desanime, más el rey con su pensamiento negativo, de derrota, de imposibilidad, quiere hacer que David piense igual que él.

Toda persona que tiene pensamientos pesimistas, derrotistas, pensamientos viejos, grises, cansados, etc, se opone a los que tienen pensamientos de fe, de confianza en Dios, de prosperidad.

Pero veamos como continúa esta historia, miremos como David no dejó que los pensamientos negativos del rey lo embargaran.

Cuando David oye las palabras derrotistas del rey, le responde de la siguiente manera: "Cuando yo, el servidor de su Majestad, cuidaba las ovejas de mi padre, si un león o un oso venía y se llevaba una oveja del rebaño, iba detrás de él y se la quitaba del hocico; y si se volvía para atacarme, lo agarraba por la quijada y le daba de golpes hasta matarlo. Así fuera un león o un oso, este servidor de su Majestad lo mataba. Y a este filisteo pagano le va a pasar lo mismo, porque ha desafiado al ejército del Dios viviente."

Y David no se detuvo en esta sola declaración, sino que manifestó abiertamente el pensamiento de victoria que tenía en su corazón y exclamó: "El Señor, que me ha librado de las garras del león y del oso, también me librará de las manos de este filisteo."

David pensaba todo lo contrario a como pensaban el rey Saúl y el pueblo de Israel. Él pensaba: Que así como Dios me ha librado del oso y del león, tiene poder para librarme de este gigante. Y con este tipo de pensamiento, no hay obstáculos, no hay barreras, no hay oposición que resulte; todo lo contrario, con pensamientos de victoria, gozo, de confianza en Dios y su palabra, podemos exclamar como le dijo el apóstol Pablo a los de Filipos: "Todo lo puedo en Cristo que me fortalece."

Y narra la Biblia que el rey Saúl le dijo a David: "Anda, pues, y que el Señor te acompañe", y le prestó su armadura, más David la desechó por no haberla usado antes y no sentirse cómodo para la pelea, y salió al encuentro del gigante solamente con una honda y cinco piedras lisas, junto con su bastón de pastor de ovejas.

Cuando el gigante miró a David, lo menospreció porque solamente era un muchacho y además como vio a David con su bastón de pastor, se airó y le dijo: "¿Acaso soy un perro, para que vengas a atacarme con palos?", y maldijo a David.

Fíjese, el gigante durante cuarenta días, dos veces diario, ofendía y menospreciaba al pueblo de Dios y ahora porque un muchacho viene a pelear contra él con su bastón y su honda, se ofendió, porque según él, le estaban tratando como a un perro. Así son las personas que tienen su corazón lleno con pensamientos de odio, ira y maldad; hacen y dicen cosas indebidas contra las personas y cuando se les confrontan por su malas acciones, se sienten ofendidas.

Y el gigante después de maldecir a David, le dijo: "Ven aquí, que voy a dar tu carne como alimento a las aves del cielo y a las fieras." Más David le contestó al filisteo: "Tú vienes contra mí con espada, lanza y jabalina, pero yo voy contra ti en el nombre del Señor Todopoderoso, el Dios de los ejércitos de Israel, a los que tú has desafiado. Ahora el Señor te entregará en mis manos, y hoy mismo te mataré y te cortaré la cabeza, y los cadáveres del ejército filisteo se los daré a las aves del cielo y a las fieras del campo. Así todo el mundo sabrá que hay un Dios en Israel."

Observe usted que el pensamiento de confianza que David tenía, que Dios le libraría del gigante, era tan grande, y tan seguro de ello estaba, que dijo antes de la pelea, que no tan sólo el gigante, sino que a todos los filisteos los iba a vencer en ese día, y además afirma que a Dios no le hace falta espada ni lanza para ganar una pelea.

Y se presentó la pelea. El gigante Goliat corrió hacia David, David se apresuró y tomó una de las piedras que llevaba en su saco pastoral, rápidamente la metió en su honda y sin pérdida de tiempo, lanzó la piedra al gigante; y dice la Biblia que la piedra alcanzó al gigante en la frente, e iba esa piedra con tal fuerza, que se le quedó clavada en la frente y el gigante cayó sobre su rostro en tierra. Luego David tomó la espada de Goliat y con ella lo remató cortándole la cabeza.

Así venció David al gigante; sin espada, sin lanza, sin jabalina, porque fue Dios quien guió esa piedra en el aire y la llevó derecho al único sitio por donde la piedra podía llegarle al gigante. Más no conforme con esto, luego de que cayó Goliat, corrió David, le quitó la espada al gigante y le cortó la cabeza.

Cuando los filisteos vieron a su paladín muerto, les entró gran temor y huyeron. Mas los de Israel cuando vieron la victoria que Dios le había dado a David, todos se levantaron y gritando fuertemente de alegría fueron contra los filisteos persiguiéndolos y ese día obtuvieron una victoria aplastante.

Me llama la atención que antes de que llegara David, ninguno se quiso enfrentar al gigante, porque pensaban que no le iban a ganar. Cuando David llega y dice que Dios le va ayudar, le hacen resistencia; pero David se mantiene firme en su pensamiento de fe y confianza en el Señor y va, pelea y vence, entonces todos son contagiados con el pensamiento de victoria, de que si es posible vencer a los filisteos, y todos a una arremeten contra ellos y les ganan.

Esto nos enseña que dependiendo de la clase de pensamientos que usted y yo tengamos, así va a hacer nuestra vida. Es decir, va a tener una vida de victoria por encima de los problemas o una vida de derrota.

No importa que clase de obstáculos, de resistencia lleguen a su vida ni tampoco por medio de quién llegue; manténgase firme, con el pensamiento que el Dios Todopoderoso está con usted para guardarle, ayudarle, proveerle y bendecirle.

Enseñanza: El que piensa que con la ayuda de Dios saldrá adelante, siempre triunfará y vivirá una vida de victoria. Ya que de acuerdo con sus pensamientos triunfa o es derrotado.

Capítulo II

De la enfermedad a la salud.

Usted tiene que ver que tipos de pensamientos tiene. Recuerde que con pensamientos indebidos, de derrota, pensamientos tristes, cansados, carnales, de imposibilidades, jamás experimentará la bendición de estar en la presencia del Señor, ya que Dios es un Dios de poder, de éxitos, de logros. Es un Dios de lo bueno, de lo positivo, de abundancia, de paz y gozo. Así que póngase en la misma onda de Dios.

Deseche cuanto pensamiento de derrota, de impotencia venga a su vida. Ciertamente usted no puede impedir que en cualquier momento llegue a su vida un pensamiento el cual no esté acorde con la palabra de Dios, pero si puede evitar que ese o esos pensamientos negativos hagan nido y se multipliquen en su mente, y lo induzcan a andar en una vida de derrota.

Veamos el caso en la Biblia de una mujer que sufría de flujo de sangre; esta historia se encuentra en el evangelio de Marcos, capítulo cinco desde el verso veintiuno en adelante. Narra esta historia que había una mujer que sufría de flujo de sangre por más de doce años, que había sufrido de muchos médicos y gastado todo su dinero, pero no había obtenido mejoría, y cada vez le iba peor con la enfermedad. El caso de esta mujer era fuerte, sufría de una enfermedad terrible, vergonzosa; no encontraba ningún remedio que la curara, a cuanto médico le recomendaban iba, pagando lo que le exigían, pero todo era en vano, su estado cada vez era peor. Mas esta mujer, tenía pensamientos de perseverancia, de constancia, por tanto no se daba por vencida y dice la Biblia que esta mujer oyó hablar de Jesús y pensó: "Si tocare tan solamente su manto, seré sana".

Observe usted, el pasaje bíblico dice muy claro que esta mujer tuvo un pensamiento de fe cuando oyó hablar de Jesús. Pero ¿qué fue lo que esta mujer oyó hablar de Jesús? Sencillamente escuchó decir que Jesús sanaba a los enfermos, echaba fuera a los demonios que tenían poseídas a las personas, daba la vista al ciego, a los sordos hacía oír, le soltaba la lengua al mudo y que no había enfermedad alguna que Jesús no pudiera sanar. Por tanto su mente se llenó de pensamientos de fe, de salud, se llenó su mente de esperanza y gozo, y se dijo así misma: "Sí tan sólo toco el manto de Jesús, seré sana de mi enfermedad." Y, como el hombre piensa, eso es lo que habla y en base a ello actúa, salió en busca de Jesús, no importándole que no lo conocía, no sabía quién era ni donde estaba. Hasta que encontró a Jesús. Si, lo encontró, pero había un problema, ¿Cuál?, Jesús estaba rodeado de una gran multitud y no era fácil llegar aunque sea a tocarle tan solo el manto.

Permítame dibujarle mejor la situación de la cual estamos hablando: cuando la Biblia dice que Jesús estaba rodeado de una gran multitud de personas, permítale a su mente que se extienda y visualice más de doce mil personas como mínimo. ¿De dónde saco estas cifras? Yo le respondo: de la Biblia. Por ejemplo, la Biblia habla que Jesús en una oportunidad alimentó a cinco mil (5.000) hombres que le seguían sin contar las mujeres y los niños. En la Biblia encontramos que siempre eran más mujeres que hombres las que seguían a Jesús. Quiere esto decir que si había cinco mil (5.000) hombres, por lo mínimo había cinco mil (5.000) mujeres, por no decir más, y un mínimo de dos mil niños, ya estamos hablando de una multitud de doce mil personas más o menos.

Ahora que tiene el cuadro más claro, volvamos a la escena de la mujer del flujo de sangre. Ella llega débil, enferma, cansada, sin conocer a Jesús y lo consigue rodeado de una gran multitud de personas. Mira bien, echa cálculos, reconoce que no es fácil tocar aunque sea el manto de Jesús, pero ella no tiene pensamientos de derrota ni de imposibilidad mucho menos pensamientos de rendirse ante la adversidad, ella tiene solamente pensamientos de fe, de triunfo, de confianza en Jesús, y repito; como el hombre piensa, así habla y actúa; se lanzó en busca de Jesús; la gente la empujaba y ella también empujaba, le obstruían el paso, pero ella sacaba fuerzas y se abría paso, hasta que al fin llegó donde estaba Jesús y le llegó por la espalda. No le importó que haya sido por la espalda, lo importante era haber llegado donde Jesús, en ese mismo momento tocó el manto del Señor y dice la Biblia, que en ese mismo instante la mujer fue sana de la enfermedad. Jesús sabiendo lo que había ocurrido, se detiene y pregunta: "¿Quién me ha tocado?" Pedro le responde diciendo: "Señor la multitud te aprieta y tú preguntas ¿Quién te ha tocado?", más Jesús le responde: "¿Quién me ha tocado? Porque poder salió de mí." La mujer al verse descubierta y sabiendo lo que en ella había ocurrido, confiesa a Jesús diciéndole: "Fui yo, Señor." Y el Señor Jesús le contestó: "Vete, tu fe te ha sanado."

Nos enseña este pasaje de la Biblia, que aún en la enfermedad más difícil e incurable, si usted piensa y cree que Dios puede sanarle y acude a Él, usted será sanado.

Esta mujer tenía sus pensamientos en Jesús el hijo de Dios, pensaba y creía que podía sanarla, por tanto fue en busca de su sanidad y le aconteció todo como ella había pensado.

Lamentablemente en este mundo existen personas cuya mente está atiborrada con pensamientos de enfermedad, de tristeza, de odio, de pobreza, de calamidades, es decir que siempre piensan en que algo malo les ha de ocurrir, por lo tanto eso es lo único que consiguen en la vida. Sus conversaciones están cargadas de negativismo, todo lo ven oscuro, lejano, difícil, imposible, etc. Usted los oye hablar: "Yo creo que no se puede. Yo pienso que no va a salir bien. Yo pienso que me voy a enfermar. Yo pienso que es imposible. Pienso que voy a tener problemas, de esta no me libra nadie, yo lo que estoy es bien mal" etc. Con pensamientos de esa índole nadie llega a ninguna parte, mucho menos va a prosperar.

Si usted es de este tipo de personas, permítame aconsejarle lo que la Biblia dice: "Deben renovarse espiritualmente en su forma de juzgar (pensar)." Efesios 4:24. Es decir, usted tiene y debe echar fuera de su mente todos esos pensamientos de derrota, limpie su mente, como cuando limpian una casa y todo lo que no sirve lo botan. Así haga usted; bote, eche fuera de su mente todo pensamiento oscuro, de imposibilidad y comience a llenar su mente con la palabra de Dios y con pensamientos de fe, confianza, paz, gozo, prosperidad, salud, alegría y crecimiento. Declare victoria en Cristo. La Biblia dice que somos más que vencedores en Cristo. Por lo tanto usted si puede, Dios está de su lado, Dios quiere que usted quiera. Adelante, el Señor está con usted como un poderoso gigante.

Capítulo III

Pensamientos de vida.

Ni tus peores enemigos, pueden hacerte tanto daño, como tus propios pensamientos. Siddharta Gautana.

Un enemigo físico, por muy malo, despiadado y perverso que usted pueda tener, no puede estar en su presencia todos los días, a cada hora y aún en su casa. Pero sus pensamientos si pueden estar con usted todo el tiempo y en todo lugar. Por eso es que los pensamientos, sino son sometidos a la palabra de Dios y los encausamos a lo bueno, pueden arrastrar a cualquier persona a ser víctima de ellos.

Cuando nuestros pensamientos están encausados en la palabra de Dios y creemos que Él es Todopoderoso para realizar a nuestro favor cualquier cosa por muy difícil que parezca, llegaremos a vivir una vida llena de victoria. Victoria sobre los problemas, victoria sobre las necesidades económicas, victoria sobre las enfermedades, y sobre todo, victoria sobre el mismo diablo, quién busca siempre destruir al hombre que fue creado a imagen y semejanza de Dios.

Por tanto, no importa la dificultad por donde usted esté atravesando, créale a Dios, declare la palabra de Dios y llene su mente con pensamientos de fe, de amor, de victoria; crea que Dios tiene poder para actuar a favor suyo y el resultado será ciertamente que el Señor peleará por usted y todo le resultará fácil con la ayuda de Él.

Recuerde que de acuerdo a sus pensamientos, usted saldrá adelante o se hundirá cada vez más en sus problemas y situaciones de la vida.

Para corroborar lo antes expuesto, veamos el pasaje de la Biblia que se encuentra en el libro de Marcos, capítulo cinco a partir del versículo veintiuno en adelante. En este pasaje se narra la historia de un hombre llamado Jairo, quien era un principal de la sinagoga, y este cuando vio a Jesús le rogaba diciendo: "Mi hija está agonizando; ven y pon las manos sobre ella para que sea sana y viva." Jairo pensó que si Jesús iba a su casa y ponía sus manos sobre su hija ella sanaría. Por eso le insistió a Jesús, la Biblia dice que se postró a sus pies y le rogaba mucho que fuera con él. Jesús respondió afirmativamente y fue con Jairo para su casa. Mas antes de llegar vinieron unos mensajeros y le dijeron a Jairo: "Tu hija ha muerto ¿para qué molestar más al maestro?" Cuando Jesús escuchó lo que los mensajeros le decían a Jairo, le dijo: "No temas, cree solamente." Es decir, Jesús afirmó el pensamiento de fe que desde un principio tenía Jairo. Fíjese, la situación en vez de mejorar, había empeorado, ya la niña no estaba enferma, ahora estaba muerta. Mas como para Dios no hay nada imposible, Jairo se mantuvo firme creyendo y pensando que Jesús tenía poder aun para resucitar a su hija.

Luego que Jesús llegó a la casa de Jairo, encontró a la gente llorando por la muerte de la niña, mas Jesús dijo: "¿Por qué hacen tanto ruido y lloran de esa manera? La niña no está muerta, sino dormida." Y la gente empezó a burlarse de Jesús por lo que estaba diciendo. Mas entrando Jesús al cuarto donde estaba la niña muerta, la tomó de la mano y le dijo: "Muchacha, a ti te digo, levántate." Y al momento la niña se levantó.

Vemos en este episodio, que Jairo como pensó y creyó, así actuó, no importándole que la situación se había agravado, porque sabía que para Dios no hay nada imposible.

Amigo lector, no importa por cuál problema o mala circunstancia usted esté pasando. No importa si siente como que el mundo se le viene encima; si el panorama lo ve oscuro y sin salida; que no lo amedrente lo que vean sus ojos u oigan sus oídos, ponga su confianza en Dios, créale a Dios y a su palabra y llene su mente con pensamientos de fe, de triunfo, de victoria, de esperanza. Acérquese más a Dios, busque hacer su voluntad y actúe en la confianza que Dios le ha de resolver su problema.

No permita que los pensamientos de derrota, de tristeza, de angustia y aflicción hagan nido en su mente, porque como usted piense, así va a hablar y así va actuar. Y si actúa impulsado y dirigido por este tipo de pensamientos, usted vivirá una vida amargada, sin luz y sin esperanza.

Haga como hizo Jairo, se mantuvo, le creyó a Jesús, pensó que su hija resucitaría y todo resultó en bendición y victoria.

Capítulo IV

Pensar en Dios y su palabra trae vida.

Donal Trump dijo en una oportunidad: "Mi consejo siempre es el mismo: Comience a pensar positivamente o terminará boicoteándose usted mismo."

Esto es una gran verdad. El mayor amigo o enemigo nuestro son los pensamientos que a diario rondan nuestra mente. Ellos nos impulsan al éxito o nos arrastran al fracaso. Por eso una vez más repito el por qué de la importancia de nuestros pensamientos.

Dios no tiene límite, ni lo podemos encerrar en algún tipo de patrón. Dios es Todopoderoso y actúa de muchas formas y maneras. Usted con su forma de pensar es quien condiciona el poder de Dios. Dios nunca va a actuar más allá de lo que usted piensa y cree que Él puede hacer. David pensó y creyó que Dios lo iba a librar del gigante Goliat, que no era necesario espada, y así lo hizo el Señor. La mujer del flujo de sangre pensó y creyó que si tan sólo tocaba el borde del manto del Señor Jesús sería sana y así lo hizo Jesús. Jairo pensó y creyó que Jesús podía sanar a su hija y eso fue lo que exactamente hizo Jesús.

Lo que el hombre piensa, manifiesta su creencia, y de acuerdo a ello habla y por último, el reflejo de todo esto va a hacer su actuar. Es decir, lo que usted piensa, eso es lo que cree, así mismo de eso es lo que habla y por último actúa de acuerdo a sus pensamientos. Por tanto no limite a Dios. Piense en grande, pero bien en grande, ya que lo que usted piense y crea que Dios puede hacer por usted, eso es exactamente lo que Dios hará.

Miremos en la Biblia el caso de un oficial romano, el cual lo podemos encontrar en el libro de Lucas, capítulo siete a partir del versículo uno en adelante. Narra este episodio que había un oficial del ejército romano, el cual tenía un siervo que estaba enfermo y a punto de morir, a quien el oficial romano quería mucho.

Dice el pasaje que cuando él oyó hablar de Jesús, lo mismo que la mujer del flujo de sangre, ¿se acuerda?, le envió unos ancianos de los judíos, rogándole que viniese y sanase a su criado. Ellos vinieron a Jesús y le rogaron con solicitud, diciéndole: "Es digno de que le concedas esto; porque ama a nuestra nación, y nos edificó una sinagoga." Y Jesús fue con ellos. Pero cuando ya no estaban lejos de la casa, el oficial romano envió a Él unos amigos, diciéndole: "Señor, no te molestes, pues no soy digno de que entres bajo mi techo, por lo que ni aún me tuve por digno de venir a ti, pero dí la palabra y mi criado será sano. Porque también yo soy hombre puesto bajo autoridad, y tengo soldados bajo mis órdenes; y digo a éste: vé, y va; al otro; ven, y viene; y a mi criado: haz esto, y lo hace." Al oír esto, Jesús se maravilló de él, y volviéndose dijo a la gente que le seguía: "Os digo que ni aún en Israel he hallado tanta fe."

El libro de Mateo en el capítulo ocho, que narra el mismo episodio, dice que Jesús le dijo al oficial romano: "ve, y como creíste, te sea hecho." Y su criado fue sanado en aquella misma hora.

Fíjese bien, el oficial romano pensó y creyó que solamente con Jesús decir la palabra de salud, su criado sanaría.

Porque él dedujo: Si yo, que soy un hombre con autoridad le digo a cualquier soldado que venga y viene y le digo que vaya y va, cuanto más Jesús que es el hijo de Dios Todopoderoso, lo que diga Él tiene que hacerse.

¿Se da cuenta? No hay limite, no hay patrón, no hay molde que encasille a Dios. Sólo como usted crea y piense que Dios pueda actuar, así actuará. Por tanto una vez más le digo: Despójese y eche de su mente todo pensamiento de duda, derrota, todo pensamiento oscuro, viejo, gastado; renuévese en el espíritu de su mente llenándola con pensamientos conforme a la palabra de Dios. Es decir, con pensamientos de triunfo, paz, amor y felicidad.

Dios no quiere un pueblo en derrota. Dios no lo creó a usted para que viviera una vida derrotada, amargada, gris. No, Dios quiere bendecirle, prosperarle, socorrerle; tan solo espera que usted crea en Él de todo corazón, como dice su palabra. Piense de acuerdo a la palabra y por consiguiente hable y actúe de acuerdo a la palabra; y estoy seguro que usted comenzará a vivir una vida victoriosa en Cristo Jesús.

Capítulo V

Todo comienza en la mente.

Si quisiéramos hacer una conclusión o un resumen de todo lo anteriormente escrito, podemos resumirlo así: Todo comienza cuando nuestra mente procesa y acepta como cierto los pensamientos buenos o malos que dejamos que hallen cabida en ella.

El escritor chino Lao Tzu, en una oportunidad escribió lo siguiente:

CUIDA TUS PENSAMIENTOS, ELLOS SE CONVIERTEN EN PALABRAS.

CUIDA TUS PALABRAS, ELLAS SE CONVIERTEN EN ACCIONES.

CUIDA TUS ACCIONES, ELLAS SE CONVIERTEN EN HÁBITOS.

CUIDA TUS HÁBITOS, ELLOS SE CONVIERTEN EN CARACTER.

Los pensamientos afectan las emociones y el estado de ánimo. Por ejemplo un pensamiento de ira, así no expresemos dicha ira, nos predispone contra alguien o algo y terminamos actuando impulsado por estos pensamientos. Mas adelante le hablaré de como deshacerse de dichos pensamientos. Por ahora lo que quiero es que usted esté consciente de que es lo que lo ha llevado todos estos años a actuar de la manera en que lo ha venido haciendo y de donde vienen sus malos hábitos que no lo ayudan en nada. Quiero que esté consciente que, para bendición y prosperidad, salud, gozo y paz, serán los pensamientos que tengamos, o para dolor, sufrimiento, derrotas y fracasos. Ya que lo que pensamos, lo hablamos y así actuamos.

Hemos visto varios ejemplos de hombres y mujeres con buenos pensamientos y que por ello actuaron con fe y obtuvieron logros y victorias. Veamos ahora un ejemplo de lo que es tener pensamientos de derrotas, dudas, temor y como terminaron las personas que los tuvieron. En el libro de Génesis se narra la historia de cuando Dios llamó a Abraham y le dijo que su descendencia iba a ser tan numerosa como las estrellas del cielo. E hizo Dios un pacto con Abraham diciendo: "A tu descendencia daré esta tierra, desde el río de Egipto hasta el río Grande, el río Eufrates; la tierra de los ceneos, los cenezeos, los cadmoneos, los heteos, los ferezeos, los refaítas, los amorreos, los cananeos, los gergeseos y los jebuseos." Génesis 15: 18-21

Pasado el tiempo Abraham tuvo un hijo llamado Isaac y Dios le repitió la promesa que le había hecho a su padre Abraham. Isaac tuvo dos hijos; uno llamado Esaú y el otro llamado Jacob, y Dios llamando a Jacob, le habló de la promesa que le había hecho a su padre Isaac y a su abuelo Abraham. Luego Jacob tuvo doce hijos, los cuales vinieron a formar el pueblo de Israel, y a cuyo pueblo le tocó ver en ellos realizada la promesa de la tierra prometida por Dios a sus antepasados: Abraham, Isaac y Jacob.

Dice la Biblia que el pueblo de Israel fue esclavo de Egipto durante más de cuatrocientos años y es cuando Dios levanta a Moisés para liberarlo, y Moisés al final con la ayuda de Dios, saca al pueblo en victoria hacia la tierra prometida y Dios les dice: "Y os meteré en la tierra por la cual alcé mi mano jurando que la daría a Abraham, a Isaac y a Jacob; y yo os la daré por heredad. Yo Jehová." Exodo 6:8.

Y el recorrido hacia la tierra prometida por el desierto duró dos años. Al fin de los cuales Moisés envió por petición de ellos, espías para que reconocieran la tierra. Y este fue el reporte dado por ellos a Moisés y al pueblo de Israel, después de haber estado cuarenta días espiando y reconociendo la tierra: "Nosotros llegamos a la tierra a la cual nos enviaste, la que ciertamente fluye leche y miel; y este es el fruto de ella. Más el pueblo que habita aquella tierra es fuerte, y las ciudades muy grandes y fortificadas." Números 13:27-28. Además dijeron que ellos vieron allí gigantes, hijos de Anac, raza de gigantes, y a ellos les parecía que eran como langostas (saltamontes) delante de ellos.

Cuando el pueblo oyó que había hombres fuertes y además había gigantes, todos a una comenzaron a llorar, a maldecir contra Moisés y a blasfemar contra Dios, diciendo: "¡Ojalá muriéramos en la tierra de Egipto; o en este desierto ojalá muriéramos! ¿Y por que nos trae Jehová a esta tierra para caer a espada, y que nuestras mujeres y nuestros niños sean por presa? ¿No nos sería mejor volvernos a Egipto?" Números 14:2-3. Sólo dos de los espías hablaron bien, los otros diez hablaron mal, pues pensaron que no podían con los gigantes, y todo el pueblo de Israel, sin ni siquiera haber visto nada, solo por haber oído a los otros; pensaron en derrota, en muerte, en imposibilidad, en devolverse, y al final actuaron en contra de la voluntad de Dios. Y todo comenzó por que diez personas pensaron que era imposible alcanzar lo que Dios les había prometido.

Observe bien, Dios había prometido la tierra a Abraham, se lo confirmó luego a Isaac y por último se lo afirmó a Jacob, y por medio de Moisés se lo recordó al pueblo de Israel. Más ellos no creyeron a Dios. Pensaron que Dios no los podía librar de los gigantes, pensaron que sus mujeres y sus hijos iban a ser esclavos de los gigantes; y de acuerdo con esos pensamientos, así hablaron y actuaron y terminaron siendo castigados por el Señor, y anduvieron por el desierto durante cuarenta años hasta que todos murieron. Luego se levantó una nueva generación, la cual sí entró y tomó posesión de la tierra prometida por Dios.

Una segunda enseñanza que podemos sacar de esta historia bíblica, es como las personas terminan recibiendo en la vida conforme sean sus pensamientos. Estos hombres pensaron que no iban a poder con los gigantes, pensaron que era mejor morir en el desierto, y eso exactamente fue lo que les sucedió; no pudieron con los gigantes, ¡ni siquiera los enfrentaron! y si murieron en el desierto de acuerdo a sus pensamientos y dichos.

Amigo lector, no importa lo que sus ojos vean u oyen sus oídos, ante todo créale a Dios y piense siempre que Él es Todopoderoso para sacarlo en victoria de cualquier mala situación en la que pueda estar. No alimente pensamientos indebidos, todo lo contrario, como le he dicho, piense en Dios, en su palabra, crea todo lo que la Biblia dice, llene su mente con buenos pensamientos, de alabanzas y fe, y le aseguro que nada podrá afectar su vida para hacerlo retroceder.

Capítulo VI

No busque excusas, vea sus pensamientos.

El activo más poderoso que tenemos es nuestra mente. Bien entrenada, puede crear enorme riqueza." Robert Kiyosaki.

Toda obra humana, digamos por ejemplo, un edificio de veinte pisos, bien acabado, muy hermoso y con sus detalles y utilidad del mismo bien trazados, todo ello en conjunto, tuvo su inicio en la mente de alguien, que primero lo ideó, luego lo pensó, lo diseñó en un papel o computadora; en su mente lo vio realizado y luego comenzó a hablar de lo que tenía pensado, por último buscó las personas preparadas para llevar a cabo su idea, contrató personal calificado, indagó sobre los costos del mismo, tiempo de duración en hacerlo, etc y el resultado final fue un bello edificio de veinte pisos, tangible y útil. Y todo comenzó en la mente. Por eso Robert Kiyosaki dice y con toda razón que una mente bien entrenada puede crear una enorme riqueza. Yo voy más allá de la riqueza, una mente bien entrenada en la palabra de Dios puede crear un buen hogar, una buena salud, una buena vida tanto espiritual como material. En la mayoría de las veces, las personas echan la culpa de sus derrotas o fracasos a otras personas, a las circunstancias, a la vida misma, pero nunca reconocen que su derrotas o fracasos se deben a su forma negativa de pensar.

Ciertamente en la práctica es mas fácil y menos comprometedor hacer responsable a un tercero por nuestras calamidades, miserias, pobreza, falta de progreso, etc, que reconocer que somos nosotros mismos, quienes con nuestro pensar negativo, de imposibilidades, apartado de los preceptos bíblicos, sembramos para nosotros un futuro incierto, de mendicidad, mezquino, sombrío, con toda una estela de pesares y lamentos.

La Biblia enseña que cuando Dios creó al hombre y a la mujer, los puso en el huerto del Edén y los bendijo y les dijo: "Fructificad y multiplicaos; llenad la tierra, y sojuzgadla, y señoread en los peces del mar, en las aves de los cielos, y en todas las bestias que se mueven sobre la tierra." Es decir, Dios creó al hombre y a la mujer y los puso en autoridad, dominio, poder, con salud, gozo, alegría, prósperos; los puso por señores de la tierra. Más cuando pecaron, desobedeciendo el mandato divino, perdieron la comunión con Dios y dieron cabida en sus mentes a pensamientos satánicos. Comenzaron los problemas, Adán decía que la culpa de todo la tenía Eva, ella a su vez dijo que la culpa era de la serpiente que la engañó. Luego uno de su hijos, Caín, anidó en su mente pensamientos homicidas, y terminó matando a su hermano Abel, y el motivo fue por envidia, al ver como Dios recibía con agrado la ofrenda que éste le había dado y que no fue así con su ofrenda.

Y así sucesivamente ha estado el mundo. Pero no todo está perdido, Dios ha provisto en su palabra la salida para vivir en victoria. En el libro de Isaías, en el capítulo veintiséis verso tres, en la versión Reina Valera, dice: "Dios guardará en completa paz a aquel cuyo pensamiento en Él persevera." Es decir, pensar siempre en Dios significa que no importa por la situación que estemos pasando, porque Él es poderoso para socorrernos, defendernos y proveer para nuestras necesidades.

En el libro de Génesis se narra la historia de un joven llamado José, y como este era despreciado por sus hermanos mayores, y estos buscando la forma de deshacerse de él, decidieron venderlo como esclavo a escondidas de su padre. Los que lo compraron, se lo llevaron para Egipto y allá lo vendieron a un oficial del ejército del faraón. Más José se mantuvo confiando en Dios, pensando que algún propósito habría en todo lo que le estaba ocurriendo. Luego la esposa del oficial quiso mantener relaciones íntimas con él, más José se negó diciéndole que no iba a pecar delante de Dios, ni iba a defraudar a su amo. La mujer al verse despreciada, lo acusó falsamente con su esposo y el oficial egipcio lo echó en la cárcel. Pero aún en la cárcel José se mantuvo confiando en Dios, con pensamientos de fe y esperanza y no atribuyó a Dios despropósito alguno. Pasados unos años, Dios inquietó al faraón con un sueño que nadie pudo interpretárselo, solo José pudo hacerlo con la sabiduría que Dios le dio, y fue de tal bendición para el faraón, que este lo puso por señor de todo su reino; solamente por encima de José estaba el faraón.

Esto nos enseña que debemos mantenernos firmes, no importa el mal momento que podamos estar pasando. El mandato divino es que confiemos en Dios y su palabra. Que llenemos nuestras mentes con pensamientos de triunfos, prosperidad, declarando como cierto que a los que aman a Dios, todas las cosas le ayudan a bien. Por tanto recuerde que si sus pensamientos están basados y cimentados en Dios y su palabra, lo llevaran de triunfo en triunfo, y si se mantiene pensando que con la ayuda de Dios saldrá adelante, así será y le repito que así vivirá una vida de victoria.

Capítulo VII

Cuidemos lo que entra en nuestra mente.

En estos días leí dos notas en internet que me llamaron la atención por lo cierto de su contenido. Una de ellas decía: "No son los problemas los que te tienen desanimado, sino tus pensamientos acerca de los problemas." Esto es ciertísimo, no son los problemas en sí lo que perturban y quitan el ánimo a las personas, sino los tipos de pensamientos que tienen las personas en medio de los problemas. Cuando usted esté triste, molesto, nervioso, malhumorado, con ganas de vengarse, asustado o indeciso; fíjese en los pensamientos que tiene en esos momentos, y cámbielos usando su voluntad por buenos pensamientos y verá como cambia su estado de ánimo. Los pensamientos buenos o malos, inciden en nuestro ánimo y conducta.

La otra nota que leí decía: "Sí estás deprimido debes entender que nadie te está obligando a estar deprimido, solamente tus pensamientos." Esto también es verdad. A medida que su mente engrandezca su problema, enfermedad, necesidad, etc, se sentirá más y más deprimido sin encontrar salida a su mala situación.

Ponga mucha atención a que tipos de pensamientos usted está alimentando a diario, sorpréndase usted mismo y deseche todo pensamiento que no lo ayude a levantarse, a alegrarse. Recuerde que los pensamientos siempre están con nosotros en todo tiempo y son un enemigo o un amigo, dependiendo del tipo de pensamientos que se tengan. Una vez escuché a una predicadora muy usada por Dios en una conferencia donde ella estaba dando testimonio de como era su vida en años pasados y decía como ella era temperamental, malhumorada, casi todo le molestaba en su trabajo, mucha gente le sacaba el cuerpo y, en resumen dijo no sentirse feliz por el tipo de vida que llevaba. Y ella le preguntó un día a Dios como podía cambiar esos pensamientos de ira que siempre tenía y la respuesta, dice ella, que Dios le dio fue: "Cambia tus pensamientos." Dice que le preguntó como podía hacerlo, y la respuesta recibida fue: "Piensa en otra cosa." Ella respondió que esa respuesta era muy sencilla para su gran problema y Dios le respondió que ciertamente era sencillo, solo debía cambiar el tipo de pensamiento negativo y de ira que tuviera en ese momento por un pensamiento totalmente diferente. Terminó su testimonio diciendo que a partir de ese entonces comenzó a hacerlo así y su vida cambió radicalmente para bien, no solamente para ella sino para su familia y todos los que la rodeaban. Personalmente desde que la escuché he puesto por obra ese consejo de cambiar pensamientos malos por pensamientos buenos y he visto como instantáneamente mi ánimo y conducta cambian de una forma sorprendente.

Muchas veces me he sorprendido a mi mismo molesto y me llamo la atención, comienzo a pensar en otra cosa y todo cambia en mi diametralmente. Lo invito a que haga la prueba, sorprenda a esos malos pensamientos, contrólelos y échelos fuera de su mente. Y cada vez que regresen, usted cambie de canal mentalmente y échelos fuera. Hay un dicho que dice: "Tú vas a comer del huerto de tus propios pensamientos. Por lo tanto no cultives nada que no quieras comer." Y yo añado: Somos el resultado de todo lo que pensamos.

Cito una vez más al Dr. Mario Puig cuando dice: "Solo podemos tener un pensamiento a la vez. Escojamos bien cual pensamiento vamos a tener. Si es un pensamiento negativo, que no nos ayuda en nada, cambiémoslo rápidamente por uno totalmente opuesto. Solo debemos estar pendiente de que tipo de pensamientos tenemos." Nadie puede eliminar totalmente un pensamiento negativo, pero si puede sustituirlo por otro positivo. Ahora para sustituir un pensamiento negativo por otro pensamiento positivo, la persona debe mantenerse en un estado de alerta de consciencia, es decir, estar pendiente y consciente de sus pensamientos a lo largo del día todos los días. Es un ejercicio de higiene mental, esto significa sencillamente cuidar lo que entra en nuestra mente.

Los pensamientos que tenemos afectan fuertemente nuestro cuerpo, y no estoy hablando del ánimo o de nuestras emociones como la ira, la alegría, etc. No, estoy hablando de que pensamientos errados cuando son demasiados fuertes, pueden causar hasta la muerte a una persona. Por ejemplo se ha comprobado que en un alto porcentaje de personas que han fallecidos supuestamente por inmersión, es decir, ahogados;

cuando se les ha realizado la autopsia, se ha encontrado que no murieron por inmersión, pues al observarles los pulmones no se les encontró ni una gota de agua. Los médicos forenses han determinado que lo que verdaderamente les causó la muerte fue el pensar que iban a morir ahogados y eso afectó sus corazones haciéndoles morir de infartos. De igual manera se ha comprobado también que el cuarenta por ciento (40%) de las personas que han sido mordidas por serpientes han muerto no de la mordida de la serpiente, sino de pensar que se iban a morir a consecuencia de esa mordida. Estas mordidas de serpientes donde no se inyecta veneno se conocen como mordidas secas. Hubo casos donde la mordida sólo rozó la piel, en otras el veneno no llegó a entrar al torrente sanguíneo y en otros fue peor, pues se comprobó que la serpiente que lo mordió no era venenosa, más sin embargo esas personas murieron por el simple hecho de que un pensamiento de muerte se posesionó de sus mentes y en consecuencia eso fue lo que les sucedió. Se ha comprobado también que el ochenta por ciento (80%) de lo que las personas temen que les ocurra algo malo, no les sucede y sin embargo esos pensamientos de temor a que algo malo les va a suceder les roba el gozo de vivir a plenitud y muchos terminan enfermos de los nervios. Por eso se puede concluir de acuerdo a lo escrito anteriormente que cada célula del cuerpo del ser humano reacciona a todo lo que dice su mente o lo que es lo mismo, cada célula reacciona al tipo de pensamientos que tengan las personas.

Capítulo VIII

Active el cambio en usted.

La Biblia es el único libro que tiene respuesta para todo en este mundo. El consejo que en ella se encuentra en relación a la importancia de nuestros pensamientos se halla en la carta a los Filipenses, en el capítulo cuatro desde el verso ocho en adelante y dice de la siguiente manera: "Por último, hermanos, piensen en todo lo verdadero, en todo lo que es digno de respeto, en todo lo recto, en todo lo puro, en todo lo agradable, en todo lo que tenga buena fama. Piensen en toda clase de virtudes, en todo lo que merece alabanza." Aquí encontramos los lineamientos por donde deben oscilar nuestros pensamientos. Deben andar entre lo verdadero, pasar por lo que es digno de respeto, por lo honesto, caminar por lo puro, descansar en lo recto, recrearse en lo agradable, fortalecerse en todo lo que tenga virtud y buena fama y culminar en todo lo que sea digno de alabanza. ¿Se da cuenta? La Biblia no aconseja tener pensamientos de tristeza, de angustias, de aflicción, de enfermedad, de carencia, de derrota, etc.

Si se fija bien, la cita anterior no es un consejo sino un mandamiento, no es si queremos, es que debemos tener buenos pensamientos y sobre todo porque es para el bien nuestro y de los que nos rodean, es decir nuestra familia y los que dependen de nosotros. Así que comience en primer lugar, escuchando cual es su vocabulario y viendo como es su actuar; recuerde que como el ser humano piensa, eso es lo que cree, así habla y así actúa. Si su hablar no está enmarcado en los lineamientos bíblicos, por su bien, debe corregirse pronto, y la forma de hacerlo es llenando su mente con la palabra de Dios, pues eso es lo que dice el Señor en el libro de Deuteronomio en el capítulo seis desde el verso seis en adelante: "Grábate en la mente todas las cosas que hoy te he dicho, y enséñaselas continuamente a tus hijos; háblales de ellas, tanto en tu casa como en el camino, y cuando te acuestes y cuando te levantes." Es decir, Dios lo que quiere es que usted sature su mente con su palabra, que la crea, la hable, y actúe movido por ella. De esta forma comenzará a cambiar su vida. Ya no hablará de derrota, sino dirá: "Todo lo puedo en Cristo que me fortalece." No hablará de escasez, más dirá: "Jehová es mi pastor nada me faltará." En vez de decir: estoy enfermo, declarará sanidad por las heridas que Cristo sufrió. Ya no andará con quejas y lamentos, en su lugar usted alabará y glorificará a Dios, porque nuevas son cada mañana sus misericordias, ya que el bien y la bondad del Señor lo seguirán todos los días de su vida. No temerá al terror nocturno, ni saeta que vuele de día, pues ahora usted confiesa que: "El que habita al abrigo del altísimo morará bajo la sombra del omnipotente."

Cuando digo que su vida va a cambiar, es un cambio para bien; usted comenzará a ver todo lo que le rodea desde otro punto de vista. Emprenderá planes y logrará sus objetivos. Irá de triunfo en triunfo; ciertamente vendrán problemas y situaciones difíciles, pero se encuentran con una persona que ha cambiado, una persona segura de sí misma, que se apoya en Dios y en su palabra, con su mirada puesta en lo eterno, en lo perdurable y que sabe como afrontar toda adversidad. Ante un tipo de persona así, los problemas se reducen, las adversidades menguan y la victoria, el triunfo y los logros no se hacen esperar.

En el libro de los Jueces se narra la historia de cuando el pueblo de Israel era sometido por los de Madian. Dice que los Madianitas robaban todas las cosechas a los Israelitas así como todo su ganado. Nadie se atrevía a pelear contra los de Madian, hasta que Dios le habló a un hombre llamado Gedeón, al cual le dijo que Él lo ayudaría a libertar a Israel de la mano de sus opresores. Gedeón en un primer momento se negó diciendo no poder realizar esa tarea porque era pobre y de paso el menor de sus hermanos. Más Dios le siguió hablando y le dio unas señales confirmándole que lo respaldaría. Gedeón, meditó luego en lo que el Señor le dijo, pensó que con la ayuda de Dios si podía liberar a su pueblo y cambió su forma de hablar, pues ya había cambiado su forma de pensar y actúo basado en lo que Dios le había dicho. El resultado fue la liberación de Israel del yugo de Madian. Es decir, un hombre pobre y temeroso, después de creer a la palabra de Dios y de creer en Él, cambió radicalmente. Su mente se llenó con pensamientos de fe, de confianza, de victoria; comenzó a hablar que si podían contra los Madianitas; reclutó a los hombres necesarios y actúo conforme él pensaba y obtuvo su objetivo.

Usted también cambiará. Tomará un nuevo aire, una nueva visión vendrá a su vida y la bendición de Dios Todopoderoso se hará una realidad en todo su ser. Anhele ese cambio, búsquelo con todo su corazón. Comience hoy mismo a llenar su mente con la palabra de Dios y, su hombre interior, el cual fue creado según Dios en justicia y santidad de la verdad, tomará preeminencia de su existencia y vivirá una vida abundante de éxitos y logros, para gloria de Dios y bendición suya.

Hemos visto como Gedeón dio un vuelco a su vida, de sentirse inferior, de no creer en él mismo, a una persona victoriosa en Dios y terminó siendo quien durante cuarenta años dirigió al pueblo de Israel, se convirtió en un hombre de quien todos hablaban bien y tenían confianza en su persona. Y todo comenzó con un cambio de pensamientos. Por eso alguien dijo: "las emociones no son positivas ni negativas, sino que sencillamente responden a lo que estamos pensando." Por eso, cuando una persona dice estar o tener una depresión, en verdad no tiene un problema emocional, sino un problema de pensamientos por pensar de una manera incorrecta, y dejar que dichos pensamientos hagan nido en su mente y lo arrastren a lo que se ha dado por llamar depresión.

Cierro este capítulo con un dicho anónimo que dice: "Nadie puede tener pensamientos de pobreza y escasez y esperar que a su vida llegue la abundancia y la prosperidad."

Capítulo IX

Recuperando lo nuestro.

Dios creó a Adán y a Eva, narra el libro de Génesis que el Señor los bendijo y les dijo: "Tengan muchos, muchos hijos; llenen el mundo y gobiérnenlo; dominen a los peces y a las aves, y a todos los animales que se arrastran." Génesis 1:28. En otras palabras, Dios les dio la autoridad total sobre la creación entera. Esto nos deja ver que el hombre y la mujer fueron creados con una gran inteligencia, y que tienen la capacidad de pensar, razonar, tomar decisiones y por último actuar en consecuencia.

Gobernar lo define el diccionario como: "Mandar con autoridad o regir algo." Entonces el hombre tiene de parte de Dios la autoridad para dominar y mandar al mundo. Pero con pensamientos pobres y de escasez, con una capacidad mental estrecha, con la mente llena de impurezas y pensamientos de derrotas, nunca el hombre tomará como cierto la autoridad que desde un principio Dios le concedió para gobernar este mundo.

En la carta a los Romanos, en el capítulo catorce, versículo catorce, dice el apóstol Pablo de la siguiente manera: "Yo sé que

no hay nada impuro en sí mismo; como creyente en el Señor
Jesús, estoy seguro de ello. Pero sí alguno piensa que una cosa
es impura, será impura para él." ¿Capta el mensaje? Dios nos ha
dado toda autoridad en esta tierra, nos ha dado dominio, somos
los señores de la creación; pero de nada vale ni sirve sí piensa que
no es cierto, o sí piensa que eso no es para usted. La palabra de
Dios viene a ser nula en su vida, y no porque no sea poderosa,
sino que por su forma de pensar usted la anula. Como usted
piense, eso es lo que va a creer. Sí sus pensamientos son que
usted no es ninguna persona con autoridad, que no cree nada de
esto, pues su accionar va a estar acorde con esos pensamientos
y terminará viviendo todo lo contrario a lo que dice Dios en su
palabra.

Hay una historia cierta de una mujer que trabajaba en la
fábrica de autos Ford y dice que en una oportunidad, el dueño de
la fábrica el señor Henry Ford se apersonó en el área de trabajo,
y vio a una mujer que con mucho ánimo y empeño realizaba su
trabajo. Se le acercó, conversó un rato con ella, le preguntó por
su familia, como y donde vivía y al final sacó un pequeño papel
de su traje, escribió algo sobre ese pequeño papel, lo firmó, se
le entregó a la señora y se marchó. Pasados más de diez años de
esta conversación, una vez una persona fue y visitó la casa de esta
señora y salió a relucir la visita del señor Ford y la conversación
que sostuvieron. Ella fue a su cuarto, buscó entre las gavetas
de su closet y encontró el papel escrito y firmado que le había
entregado el señor Ford y al mostrárselo a la persona que la
estaba visitando, ésta se dio cuenta que el papel era un cheque
por cien dólares que Henry Ford le había dado. Al preguntarle

de porque no lo había cobrado, ella simplemente respondió que pensaba que era un papel de recuerdo que el señor Ford quiso darle y no le dio el valor que verdaderamente tenía para aquel entonces. ¿Entiende la enseñanza de esta historia? Sólo por pensar que era un papel de recuerdo, esta mujer necesitada, dejó de aprovechar la bendición de los cien dólares que le fueron regalados. Su forma de pensar la privó de disponer de cien dólares. Y así hay muchas personas que en esta vida andan tristes, pobres, derrotados, necesitados, con baja autoestima, amargados, abatidos, sufridos, y sólo porque su manera de pensar los ha llevado a esas situaciones. Por eso una vez más le digo que crea a la palabra de Dios, ella le va a dar ánimo, aliento, lo van a impulsar hacia adelante, hacia arriba, a un cambio de vida para bien, a la salud, a un buen vivir, a disfrutar todo lo que Dios en su sabiduría creó para nosotros los seres humanos. ¡Vamos! ya es tiempo que cambie esa forma oscura y pesada de pensar y venga a disfrutar lo bueno de la vida en Dios.

Este principio bíblico de autoridad y de mando es aplicable en todo nuestro vivir diario. Por ejemplo, si piensa que no está preparado para un puesto superior, eso es lo que va a creer, así va a hablar y por consiguiente nunca va alcanzar dicho puesto.

Dice la Biblia que siendo Abraham ya viejo, se le apareció Dios en visión y Abraham le dijo que él no tenía hijos, y Dios le respondió que mirara las estrellas del cielo y viera sí las podía contar; porque así será tu descendencia. Y dice el pasaje bíblico que Abraham creyó a Dios. Comenzó a pensar sobre su hijo, se lo comunicó a su esposa Sara, pensó que Dios era poderoso para cumplir su palabra, no importando que él y Sara ya eran viejos y que Sara ya no estaba apta para concebir por su avanzada edad, él se mantuvo en fe. ¿El resultado? A su tiempo nació Isaac; luego ya de adulto Isaac engendró a Jacob; Jacob de adulto engendró doce hijos y de ellos se formó con el pasar de los años el pueblo de Israel, por lo cual vino a cumplirse la promesa de Dios que los descendientes de Abraham iban a ser tan numerosos como las estrellas del cielo.

Piense en grande, hable en grande. Apártese a un lugar donde considere que va a estar tranquilo, tome una Biblia, comience a leerla y cuando consiga un pasaje de la misma que le llame la atención; párese ahí, medítelo, interprételo y luego cierre los ojos e imagine el pasaje aplicado a su vida. Por ejemplo, si le llama la atención el salmo veintitrés donde dice: "Jehová es mi pastor, nada me faltará;" comience a ver minuciosamente que es lo que quiere decir exactamente. Usted llega a la conclusión que el pasaje enseña que Dios lo cuida, que está pendiente de usted, como un pastor cuida a sus ovejas; y así como el pastor provee alimentos a sus ovejas y les provee agua y abrigo, así Dios cuida de usted. Al entender esto, cierre ahora sus ojos y véase bajo el cuidado y protección de Dios. Vea todas sus necesidades y carencias suplidas por el Señor. Créalo porque eso es lo que enseña Dios en su palabra. Quédese con ese pensamiento. Hable que Dios dice en el salmo veintitrés que Él es su pastor y que nada le faltará. Ese pensar y ese hablar sobre la palabra de Dios, lo va a llevar a actuar con fe, ánimo, confiando en que Dios ciertamente lo cuida, lo protege y le suple. Cómo ahora ha cambiado su manera de pensar, el trabajo le va a parecer más placentero, por consiguiente rendirá más en el mismo y obtendrá nuevos logros, que se traducirán en abundancia con lo cual cubrirá sus necesidades y ciertamente ahora nada le faltará. Y todo comenzó fue leyendo, creyendo, pensando y hablando de la palabra de Dios.

Capítulo X

Cambio de pensamientos, cambio de vida.

La Biblia en la carta a los Romanos, en el capítulo doce, en el verso dos dice: "Cambien su manera de pensar para que así cambie su manera de vivir y lleguen a conocer la voluntad de Dios, es decir, lo que es bueno, lo que le es grato, lo que es perfecto." Versión Dios habla hoy. Me gusta lo que dice el texto, primero dice que para que nuestra vida cambie, tenemos que cambiar nuestra forma de pensar. Esto implica que nadie puede cambiar a nadie si la persona no se dispone a cambiar primero su manera de pensar. Por eso es que hay muchos conflictos en las parejas, ya que una de las partes se empeña en cambiar a la fuerza a la otra o por medio de la manipulación o el chantaje. Pero la experiencia nos confirma lo que dice la Biblia. Primero se cambian los tipos de pensamientos y luego automáticamente viene el cambio de vida. ¿Y por qué esto es así? Le explico. Como ya le dije antes, en condiciones normales, toda persona primero piensa, luego habla y por último actúa; además se ha comprobado que los pensamientos dependiendo del tipo que se tenga afecta el ánimo y al ser afectado, éste influye en las emociones, llegando estas últimas a influenciar nuestras decisiones y conducta. Fíjese, una persona que tenga pensamientos de tristeza, nostalgia, desencanto, afectará su ánimo de una manera que lo inducirán a tomar decisiones contrarias a sus intereses y aún en contra de su salud o vida.

Usted ve por ejemplo personas que se tiran al abandono, desean morir, no les interesa nada, pierden el empleo, el interés por la vida, y cuando se les escucha hablar, lo hacen negativamente; y ¿de dónde viene todo esto?, pues la gente se sorprende diciendo: "él o ella no era así, ¿qué le pasó?" Sencillamente estas personas están influenciadas por sus pensamientos y están actuando en consecuencia.

El remedio, la cura, para toda situación contraria que haya llegado a nuestras vidas es estar alerta de que tipo de pensamientos están llenando nuestra mente y si descubrimos que son los causantes del problema, cambiarlos rápidamente.

Si usted no está conforme con una determinada área de su vida y desea mejorarla o cambiarla, lo que tiene que hacer es ver que tipos de pensamientos tiene en esa área en particular y comenzar a cambiarlos, para que así comience a dar un giro y haya la transformación que usted desea. Por ejemplo, ¿desea cambiar su estado económico?, ¿desea prosperar en el buen sentido de la palabra?, ¿quiere salir de deudas?, ¿le gustaría tener ahorros, viajar en sus vacaciones, tener una mejor vivienda, un mejor vehículo?, etc, entonces revise que pensamientos tiene acerca del dinero y lo económico y si no son los más convenientes ni idóneos para prosperar, dígase: "hasta aquí me acompañan" y échelos fuera de su mente, vocabulario y conducta; pues nadie puede tener pensamientos de pobreza y escasez y creer que a su vida llegaran la prosperidad financiera y la abundancia. Pensamientos que debe erradicar, por ejemplo: "que los ricos están completos, yo no me voy a esforzar", "¿para que ahorrar?, lo mío lo disfruto en vida", "yo nací pobre y me muero pobre."

Este principio bíblico de cambiar los pensamientos primero para cambiar nuestra forma de vida es aplicable en todas las áreas de nuestro vivir diario. ¿Desea tener un mejor hogar?, ¿una mejor relación de pareja?, ¿quiere ser mejor persona, mejor profesional?, ¿aspira a un mejor vivir?, ¿anhela una buena salud? La respuesta es la misma: cambie su manera de pensar, piense de acuerdo a la palabra de Dios, grábese en su mente los principios bíblicos y no habrá nada ni nadie que pueda impedir el cambio radical que ha de llegar a su vida. Este principio de cambio de pensamientos para un cambio de vida funciona aún en los deportes. Leí un articulo de un jugador de béisbol de las grandes ligas que fue dejado por su equipo por bajo rendimiento. El manager le dijo que se dedicara a otra cosa, que en béisbol era pésimo y que lo único que había hecho era quitarle su tiempo, y otras muchas cosas desagradables. El hombre se fue triste y molesto, apenado por lo que le dijeron y al llegar a su casa meditó en todo lo que había hecho en su carrera beisbolística, ¿por qué no había logrado ser un excelente pelotero? Fue sincero con él mismo, no buscó culpables ni excusas ni achacó su bajo rendimiento a la mala suerte. Reconoció que era su falta de ánimo lo que lo había llevado a esa situación indeseable e incómoda, y decidió cambiar.

Lo primero que hizo fue despejar de su mente los pensamientos de pobrecito yo y de lástima. Buscó jugar en otro equipo y, pidió con tal actitud que le permitieran jugar, que impresionó a la persona encargada de contratarlo y lo aceptaron en el equipo. Dice el reportaje que este hombre bateaba, corría como nunca lo habían visto hacer en toda su carrera, robaba bases, fildeaba espectacularmente, alentaba a sus compañeros de equipo. Al llegar a primera base, ponía en tensión a los pitchers ya que era seguro que iba a intentar robarse la segunda base, ¡este hombre hacía de todo en los juegos!, y terminaron apodándolo "El huracán" y cuando en los periódicos sacaban reportajes de él, resaltando su buena labor en el juego; él recortaba los artículos y se los enviaba a su antiguo manager. Y todo comenzó cuando este hombre cambió su manera de pensar en relación a que sí podía ser un buen jugador de béisbol. Su manera de pensar lo había hundido hasta el punto de hacerle perder su empleo, pero también sus nuevos pensamientos de éxitos, triunfos, lo ayudaron a dar ese extra necesario, lo motivaron, lo auparon, hasta hacerlo un jugador diferente que luego los demás equipos querían contratarlo y lo ponían como ejemplo de superación.

Capítulo XI

Nadie puede pensar por usted.

¿Cómo se puede saber que tipos de pensamientos tiene una persona, o cual es su forma predominante de pensar? La respuesta a esta pregunta la encontramos en la Biblia, cuando el señor Jesús dijo: "El hombre bueno dice cosas buenas porque el bien está en su corazón y el hombre malo dice cosas malas porque el mal está en su corazón. Pues de lo que abunda en su corazón habla su boca." Lucas 6: 45. Es decir, todo lo que la persona piensa y piensa y piensa; termina hablándole y por último ejecutándolo, sea bueno o malo. Ya que el verso citado habla tanto del hombre bueno como del hombre malo y de lo que tiene cada uno en su corazón, o sea en su mente. Por eso cuando se quiere saber que es lo que piensa o como piensa determinada persona, solo es cuestión de poner atención por un tiempo determinado lo que ella habla. Cuando alguien hablando dice: "perdón, eso se me salió", es muy cierto; se le salió porque lo tenía adentro y de tanto pensarlo, terminó sacándolo de su corazón.

Todo comienza con los pensamientos que el ser humano tenga en su mente. Veamos lo que dice la Biblia: "Porque de adentro, es decir, del corazón de los hombres, salen los malos pensamientos, la inmoralidad sexual, los robos, los asesinatos, los adulterios, la codicia, las maldades, el engaño, los vicios, la envidia, los chismes, el orgullo y la falta de juicio. Todas estas cosas malas salen de adentro y hacen impuro al hombre." Marcos 7: 21-23. Me llama poderosamente la atención que el pasaje bíblico indica que lo primero que sale son los malos pensamientos y luego la lista de cosas que siguen, siendo cada una mala en toda la extensión de la palabra y terminan contaminando al ser humano. ¿Se da cuenta? Todo comienza en nuestra mente. Una vez una persona dijo y con mucha razón: "La mente; templo de Dios o taller de Satanás."

Siempre que uno tiene un problema, la mente se ve invadida por un pensamiento. A veces uno no puede decidir no tener el problema, pero si puede decidir que tipo de pensamiento va a alimentar su mente por ese problema en particular. El problema ocurre una sola vez o la causa que lo originó, pero son los pensamientos que albergamos al respeto lo que van a engrandecerlo o minimizarlo hasta el punto de desaparecerlo o hacerlo insignificante. El odio, el rencor, la venganza, la envidia, son alimentados con los pensamientos. Puede que una persona le haya hecho un mal, un gran mal, pero luego usted no ve más a esa persona o la ve esporádicamente, pero en su mente la ve a diario, piensa en ella, se enoja, se aturde, se irrita, solo en pensar en esa persona y lo que le hizo. Busca en su mente como vengarse, como hacerle un mal mayor, como dañarla, piensa, piensa y piensa; hasta el punto de llegar a sufrir insomnio y ese pensar hace que no tenga apetito y, sufre, se amarga buscando como hacer. El resultado es que una persona en ese estado termina enfermándose, con un carácter irascible y acaba amargado y desilusionado de la vida. Por eso dicen los médicos que hay muchas enfermedades que se curan con tan solo las personas perdonen y cambien sus tipos de pensamientos. Las estadísticas dicen que cuando una persona odia y le guarda rencor a alguien, el ochenta por ciento (80%) de su tiempo lo invierte pensando en ese alguien.

Nadie puede pensar por nosotros ni nadie nos puede liberar de nuestros pensamientos. Esa es una tarea muy personal. Hay una ilustración de dos monjes que iban por un sendero y se toparon con un río un poco caudaloso al cual tenían que cruzar para llegar a su destino. En el punto donde lo iban a cruzar estaba una mujer intentando también cruzar el río pero sin éxito. Cuando vio a los monjes que iban a cruzarlo, les pidió por favor que la ayudaran. Uno de los monjes tomó a la mujer en sus brazos y sosteniéndola fuertemente cruzó con ella el río. Al otro lado del mismo, se despidieron ya que llevaban rumbos diferentes. Los monjes caminaron una hora en silencio hasta que uno le preguntó al otro: "¿por qué había cargado a esa mujer sí para ellos estaba prohibido tocar a mujer alguna? Y que esa acción lo tenía molesto." A lo cual el otro le respondió: "Yo ni me acordaba ya de esa mujer. Solo la cargué para ayudarla a cruzar el río y al hacerlo la solté como viste. Eres tú quien en tu mente todavía la traes cargada." Y así hay muchas personas que en su mente llevan una situación que les molesta, perturba y hasta daña su salud y relaciones ínter personales, pero se niegan a soltar ese o esos pensamientos y ven en los demás a los culpables de su situación.

James Allen muy acertadamente dijo: "La calidad de tu vida nunca excederá la calidad de tus pensamientos. Cambia tus pensamientos y cambiarás tu vida."

Recuerde que solo se puede tener un pensamiento a la vez y ese pensamiento llama a otro tipo de pensamiento igual a él y así sucesivamente. Solo un pensamiento a la vez, por tanto escoja bien que pensamiento va a tener hoy, con cual pensamiento se va a levantar y con cual pensamiento se va a acostar. Una vez escuché a alguien que estaba dando este consejo: que no era bueno ni prudente ver y escuchar los noticieros antes de irnos a dormir, sobre todo si eran malas noticias, ya que eso era lo último que registraba nuestro cerebro y que de alguna forma nuestro cuerpo lo asimilaba. Muy personalmente me parece que es verdad y yo lo aplico a los pensamientos. Si nos vamos a dormir con malos pensamientos creo que la noche no va a ser muy beneficiosa para nuestro cuerpo. Mi consejo es que antes de acostarse dé gracias a Dios por el día de vida que tuvo, agradezca por su familia, trabajo, salud, etc y luego encomiéndese al Señor para dormir bajo su cuidado y protección y que uno de sus últimos pensamientos sea en Dios o en las cosas de Él. Vea como dice el salmista: "Yo me acuesto tranquilo y me duermo enseguida, pues tú Señor, me haces vivir confiado." Salmo 4:8. Y al levantarse vea bien con que pensamiento va a comenzar el día. Debe de ser un pensamiento de fe, de éxito, de avanzada. Diga como dice el salmista al levantarse: "Éste es el día en que el Señor ha actuado: ¡estemos hoy contentos y felices¡." Salmos 118:24.

Cierro este capítulo con este pensamiento: "Una persona es lo que piensa a lo largo de todo el día todos los días"

Capítulo XII

Influencia de los pensamientos.

Un estudio acerca de los pensamientos arrojó que una persona en condiciones normales tiene alrededor de sesenta mil (60.000) pensamientos diarios, eso equivale aproximadamente a unos cuarenta (40) pensamientos por minuto. Alguien puede decir que son muchos pensamientos y otro pudiera argumentar que no es cierto; ya que no se puede tener tantos pensamiento por minuto, mucho menos tantos miles de pensamientos al día. La explicación es que de esos miles de pensamientos diarios que se tienen, el estudio hecho, dice que el noventa por ciento (90%) de esos pensamientos son iguales o idénticos a los que se tuvieron el día anterior y a los de la semana pasada. Sólo el diez por ciento (10%) son pensamientos nuevos que no se relacionan con aquellos que ya están enraizados en la mente. Por eso es que se dice que la mayoría de nuestros pensamientos que nos llevan a una acción determinada, son hábitos. Y eso nos lleva a que repitamos inconscientemente los mismos patrones de conducta. Esa es la razón por la cual Dios dice en su palabra que si cambiamos nuestra manera de pensar cambiaremos nuestra manera de vivir; ya que prácticamente estaremos cambiando hábitos, y para su conocimiento un hábito es todo aquello que realizamos inconscientemente porque ya se ha hecho parte de nosotros.

Imagine una persona que el cincuenta por ciento (50%) de esos miles de pensamientos diarios sean de derrota, de imposibilidad, amargura, dolor, pobreza, y de todo lo malo que podamos pensar, entonces no es de extrañar que esa persona esté en la condición de necesidad, enfermedad, pobreza, etc, en que se encuentra. Son miles de pensamientos diarios diciéndole que no puede, que es difícil, que no lo logrará, que no saldrá adelante, etc. Ahora veamos el otro lado, entienda ahora porque hay personas que usted conoció un tiempo atrás y estaban en una condición no deseable y pasados los años, ahora esa persona está en una situación de comodidad, de confort, sin deudas, saludable, próspero y cada día en ascenso. ¿Cuál es la explicación? Que cambió su manera de pensar, creyó que si podía salir adelante, llenó su mente con pensamientos de éxito, y de acuerdo a esos pensamientos se esforzó, los volvió hábitos y actualmente tiene los resultados que eran de esperarse.

Tengo buenas noticias para usted. Y es que todos pensamos. Así que si está leyendo este libro y está entendiendo su contenido, puede a partir de este preciso momento comenzar a ver cuales son los pensamientos predominantes en su mente, y aquellos que no lo ayuden en nada, échelos fuera con la ayuda de Dios y comience a renovar su mente con pensamientos basados en Dios y su palabra y luego vaya añadiendo cada día buenos pensamientos y nutra su mente primeramente con la Biblia, que es la palabra de Dios y luego con todo aquel material y conversación que le ayude a crecer y ser mejor persona y a alcanzar éxitos en su vida.

Como hemos visto, los pensamientos producen acciones que con el tiempo se convierten en hábitos, los cuales nos inducen a actuar de una determinada manera y marcan nuestra conducta y vocabulario y además afectan de una manera considerada nuestros sentimientos. Veamos lo que muy acertadamente escribe el Reverendo Juárez:

> *Los sentimientos nacen de lo que pensamos.*
> *Si te sientes mal por dentro, es porque tu mente se ha quedado*
> *demasiado tiempo pegada a un mismo pensamiento.*
> *Comenzarás a sanar tu alma cuando comiences a sanar lo que piensas.*

En un artículo de la Evolución Humana Consciente señala: El futuro está delante tuyo, y está determinado por tus pensamientos actuales. Estos son los únicos pensamientos sobre los que tienes control, los que están teniendo lugar aquí y ahora. ¿Qué pensamientos elegirás como germen de un futuro diferente para ti?

Para concluir este capítulo deseo transcribir el artículo titulado: Como influyen los pensamientos en nuestro cuerpo, por Heiddy Sulbaran.

Dice: ¿Has reflexionado acerca de cómo funciona nuestra mente? ¿Cómo surgen en nosotros los pensamientos y cómo afectan nuestro cuerpo? Los pensamientos son ideas que vienen a nosotros constantemente de algo que nos interesa o simplemente algo que nos pasó. Muchas veces le damos poder a nuestros pensamientos cuando hablamos de situaciones que ocurrieron o pueden ocurrir y al hacerlo estamos creando un impacto emocional en nosotros mismos. Mente y cuerpo se afectan mutuamente.

Pensar constantemente en una situación que nos causó rabia produce en nuestro cuerpo un efecto bioquímico; aumenta nuestra adrenalina y revivimos las sensaciones una y otra vez. Si por el contrario, tenemos pensamientos de serenidad, sentiremos un efecto relax que nos permitirá incluso respirar en forma adecuada y saludable. Cuando recreamos en nuestra mente situaciones de tristeza, tenemos una baja de energía y sentimos poca motivación para hacer cosas. Si pensamos en algo que nos ocasiona temor o que alguna cosa nos va a salir mal nuestro cuerpo puede paralizarse. Es importante ser consciente de nuestros pensamientos y prestar atención sobre cómo afectan nuestro cuerpo.

¿Cuál es el pensamiento que tienes al levantarte? En la mañana programas tu cuerpo y estado de ánimo para el resto del día. Ciertamente, nuestra vida diaria está llena de pequeños acontecimientos que muchas veces podemos llegar a convertir en episodios traumáticos, si no tenemos el control de nuestros pensamientos. Una forma de lograrlo es darnos cuenta qué es lo que estamos pensando, si es positivo o no; y si es útil gastar nuestra energía en ese pensamiento. Nuestro mayor indicador será el estado emocional que genere ese pensamiento.

Nuestra mente es poderosa y hace fielmente aquello que le indicamos, es obediente, ágil, rápida y tiene una excelente memoria. Es tan así, que puede llegar a producir efectos en el organismo con sólo imaginar o pensar en algo que podamos hacer. Imagina por un momento que vas a la cocina, abres la nevera y sacas un limón, cortas el limón, lo llevas a tu boca y dejas caer unas góticas en tu lengua ¿qué pasó? ¿Inmediatamente sentiste que salivaste? Te diste cuenta que al hacer este pequeño ejercicio tu organismo experimentó sensaciones y lo más interesante es ¿dónde está el limón? ¡Tú lo imaginaste! Esto es una prueba de lo que podemos experimentar a diario en nuestro organismo cuando constantemente creamos y recreamos situaciones en nuestra mente.

Está comprobado científicamente que la alegría y la felicidad, así como la risa ocasionan impulsos eléctricos en el cerebro que liberan hormonas que fortalecen nuestro sistema inmunológico. Del mismo modo la ira, el resentimiento y el odio provocan la liberación de hormonas que agotan el sistema inmunológico natural. Es momento de que empieces a tomar conciencia de cuáles son tus pensamientos y la manera como influyen en tu cuerpo. Te invito a reflexionar en lo siguiente ¿quién dirige tus pensamientos? ¿Tú o tus circunstancias?

Un pensamiento genera una emoción y de inmediato va a producir en ti un comportamiento. Tú eliges tus pensamientos, reflexiona si te están ayudando a sentirte bien. Recuerda qué pensamientos de rabia, rencor y miedo van a afectar tu organismo desgastándolo y produciendo enfermedades. Pensar lo mejor en cada situación te va a ahorrar mucho desgaste emocional. Si logras manejar tus pensamientos negativos, tus comportamientos cambiarán.

Tenemos una mente extraordinaria con una habilidad increíble para aprender. Piensa cuántas cosas has logrado gracias a los pensamientos positivos que has tenido. Tú decides si cada día estarás lleno de buenos pensamientos y buenas sensaciones, tu cuerpo te lo agradecerá, le darás bienestar y te sentirás más saludable. Más allá de las circunstancias ten presente que el poder siempre está en ti.

Capítulo XIII

Pensamiento y Salud.

En este capítulo deseo hacer ver la relación que hay en tener buenos pensamientos con tener una buena salud. Comenzando este libro, en la introducción, expuse que muchos médicos están convencidos de que si sus pacientes cambiaran los tipos de pensamientos negativos que engrandecen tanto sus problemas como sus enfermedades, en menos de diez días estarían totalmente curados o en vías de estarlo.

Muchas personas tienen momentos en los que incesantes pensamientos negativos entran en sus mentes. A veces esos pensamientos si no se apartan rápido, te llevan a pensarlos una y otra vez. Este patrón puede estresarte y causarte mal humor. Estudios realizados en el Hospital Spring Harbor, especializado en salud mental, han arrojado que los pensamientos negativos también pueden contribuir a desarrollar ansiedad y depresión.

De eso quiero hablar ahora. La Biblia dice en Proverbios 17:22 lo siguiente: "Buen remedio es el corazón alegre, pero el ánimo triste resta energía." Otra versión de este mismo versículo dice: "Un corazón alegre le hace mucho bien al cuerpo." Es decir pensamientos de alegría, felicidad, de cosas placenteras, que nos produzcan gozo, son medicina a nuestro cuerpo. Gandhi dijo en una oportunidad que: "La enfermedad es el resultado no solo de nuestros actos sino también de nuestros pensamientos." Y es cierto ya que tener pensamientos negativos que nos producen tensión en el cuerpo, alteran la salud. Sufrimos más por las cosas que imaginamos y pensamos que con lo que en realidad nos sucede. Y el pensar que lo malo nos va a ocurrir y el tener esa sensación de angustia, termina por minar la salud y a la larga comienzan a aparecer enfermedades de diferentes índoles. Somos responsables por lo malos pensamientos que afecten nuestra salud. No hay terceras personas culpables por lo que pensamos. Solo nosotros, a excepción de Dios, conocemos lo que estamos pensando. Somos además responsables por las acciones inducidas por nuestra manera de pensar. Por tanto el principal responsable de su salud es usted. Por eso la Biblia dice que si tenemos un corazón alegre, léase mente, tendremos una buena salud, ya que lo compara con un buen remedio. Y se dice que un remedio es bueno cuando cura una enfermedad.

La alegría, el gozo y la risa afectan positivamente todo el funcionamiento de nuestro cuerpo y ayuda a restaurarlo de cualquier afección sufrida. Por ejemplo la risa atenúa el estrés y el dolor, aumenta las defensas del sistema inmunológico, oxigena mejor todo el organismo, disminuye la producción del colesterol beneficiando al corazón, estimula la producción de endorfinas, sustancia con propiedades analgésicas y euforizantes y masajea todos los órganos internos. Siempre que reímos y sobre todo a carcajadas, hacemos un recorrido interno por varios órganos de nuestro cuerpo. La carcajada franca y el buen humor, ayudan a las personas a liberarse de actitudes mentales negativas y a desdramatizar los problemas. Reírse desinhibe y ayuda a superar la timidez y mejora las relaciones. Con la risa, el organismo libera adrenalina, catecolamina, dopamina y serotonina entre otras hormonas y neuro transmisores. La adrenalina potencia la creatividad y la imaginación. La catecolamina estimula la lucidez mental. La dopamina y la serotonina producen buen ánimo; nos deprimimos si bajan. La risa privilegia nuestro hemisferio cerebral derecho activando nuestra creatividad.

La ciencia médica afirma que las células que defienden el organismo de las enfermedades tienen puntos concretos de recepción de neuropéptidos, que son las sustancias que produce el cerebro con cada pensamiento. Y que la respuesta del sistema inmune está condicionada de acuerdo al tipo de pensamientos que la persona tenga. Además la ciencia ha descubierto que cuando se tiene un determinado tipo de pensamiento, el cerebro produce unas sustancias a las que el cuerpo responde de forma positiva o negativa. Por ejemplo cuando alguien piensa en un ser amado y siente una sensación agradable en su cuerpo, no es otra cosa que una sustancia química liberada por el cerebro respondiendo al tipo de pensamiento que tuvo esa persona. Cuando se excita sexualmente a causa de un pensamiento, se debe a que el cerebro ha liberado otra sustancia química muy diferente al del pensamiento anterior, y cuando se acuerda de la persona que lo traicionó, que lo perjudicó y buscó su mal, esa ira y molestia que siente, ese ácido corrosivo que aparece en el sistema nervioso o el malestar en el estómago, esa mala sensación, simplemente es otra sustancia química liberada por el cerebro totalmente diferente de las anteriores. En resumen; nuestro cuerpo reacciona positiva o negativamente afectando para bien o para mal nuestra salud de acuerdo al tipo de pensamientos que tengamos.

En nuestras manos está, en un alto porcentaje, en tener y gozar de una buena y excelente salud. Termina nuestro cuerpo siendo en última instancia el receptor de las consecuencias de nuestros pensamientos. Por eso una vez más la Biblia tiene razón cuando dice que cambiando nuestra manera de pensar cambiaremos nuestra manera de vivir. En este caso podemos cambiar de padecer una enfermedad a gozar de salud física y espiritual.

Capítulo XIV

La decisión es nuestra.

Todo ser humano, en condiciones normales, es responsable de sus actos y está obligado a asumir las consecuencias de los mismos. Ya hemos visto en capítulos anteriores, que no es de sabio buscar culpables por nuestra mala situación como consecuencia de una acción indebida, por esto deseo terminar este libro con dos observaciones. Primero el demostrar que los pensamientos mal canalizados, no solo pueden destruir nuestra vida, sino la de toda la humanidad. Por ejemplo, leamos lo que dice la Biblia: "El Señor vio que era demasiada la maldad del hombre en la tierra y que este estaba siempre pensando en hacer lo malo, y le pesó haber hecho al hombre. Con mucho dolor dijo: Voy a borrar de la tierra al hombre que he creado." Génesis 6: 5-7. ¿Se da cuenta? ¡Toda la humanidad de aquella época fue destruida por medio de un diluvio!, excepto Noe y su familia, porque el pensamiento de toda esa humanidad era solo inclinado al mal. Es decir un mal pensamiento, en este caso de maldad, de perjudicar, de violentar las ordenanzas de Dios, los llevó a otros pensamientos de maldad aún peores y así sucesivamente, hasta el punto de no dejarle opción a Dios, sino el de destruirlos y comenzar de nuevo a poblar la tierra, esta vez con un hombre llamado Noe. No debemos permitir que los pensamientos malos y de maldad de terceros nos afecten a tal punto que comencemos a pensar y actuar de igual forma. Ya que seremos castigados igual que esas personas.

Alguien pudiera decir que la culpa es de Dios por dejar que pensaran así y, no evitar con su poder que esas personas de aquel entonces albergaran esos pensamientos de maldad. Pero, sin ánimo de defender a Dios, Él se sabe defender muy bien, la Biblia enseña que Dios al crear al hombre lo creó a su imagen y semejanza, dándoles el poder de decidir y escoger entre lo bueno y lo malo, respetándoles sus decisiones, pero haciéndolos responsables de las consecuencias. En la carta a los Romanos, dice: "Como no quisieron reconocer a Dios, Él los ha abandonado a sus perversos pensamientos, para que hagan lo que no deben. Están llenos de toda clase de injusticia, perversidad, avaricia y maldad. Son envidiosos, asesinos, pendencieros, engañadores, perversos y chismosos. Hablan mal de los demás, son enemigos de Dios, insolentes, vanidosos y orgullosos; inventan maldades, desobedecen a sus padres, no quieren entender, no cumplen su palabra, no sienten cariño por nadie, no sienten compasión. Saben muy bien que Dios ha decretado que quienes hacen estas cosas merecen la muerte; y, sin embargo, las siguen haciendo, y hasta ven con gusto que otros las hagan." Romanos 1: 28- 32. Es decir, lo que ha hecho Dios es permitir que este tipo de personas, hagan conforme a sus malignos pensamientos y por eso reciben el justo castigo por sus maldades. ¡Y todo siempre ha comenzado con los pensamientos!

Y lo segundo que deseo dejar en su mente, es que Dios ha dejado en nuestras manos la decisión de que tipos de pensamientos hemos de albergar en nuestra mente. Recordando que de acuerdo a los pensamientos predominantes que tengamos, así vamos a hablar y del mismo modo actuaremos. El salmista lo expresó muy claro cuando dijo: "Alejaré de mí los pensamientos perversos: ¡no quiero hacer nada malo!" Salmos 101:4. Fíjese que el salmista no le pide a Dios que le quite los pensamientos perversos, ni siquiera le pide ayuda para desechar esos pensamientos. No ofrece hacer ningún tipo de sacrificios ni ofrece dar ofrenda alguna. Está muy claro que la decisión es de él. Lo otro donde también está claro este hombre de Dios es que para no hacer nada malo debe erradicar de su mente los pensamientos perversos. Él sabía que de mantener, alimentar, esos tipos de pensamientos de maldad, a larga, terminaría haciendo lo que tenía en su mente. Amigo es cuestión de tiempo. Lo que esté adentro de nosotros en su momento va a dar luz; va a salir, y mientras más tiempo haya estado gestándose, con más fuerza va a irrumpir en nuestras vidas, sea bueno o malo.

Su vida y mi vida, son afectadas por nuestras decisiones. Lo que ayer decidimos hacer, es lo que somos hoy; y lo que decidamos hoy es lo que seremos o tendremos mañana. Y toda toma de decisiones, en condiciones normales, va precedida por pensamientos. Esos pensamientos errados o acertados son los que nos impulsarán a tomar riesgos o a evitarlos, a avanzar o a retroceder, a vivir confiados o andar temerosos, a triunfar o a ser derrotados, a vivir con la bendición de Dios o a alejarnos de ella. La raíz, la génesis de toda decisión tiene su origen en la forma de pensar; sí alguien piensa que puede lograr algo, lo logrará, pero sí piensa lo contrario, ya está derrotado, porque sólo atraerá aquello que tiene en su mente. Por eso es que se dice que como la persona piense, en ambos casos tiene razón. El apóstol Pablo, inspirado por el Espíritu Santo, lo expresó de forma positiva en cuanto a tener pensamientos de confianza en Dios, él dijo: "A todo puedo hacerle frente, gracias a Cristo que me fortalece." Filipenses 4:13.

Mi consejo, para concluir es: EN TODO AQUELLO QUE PENSEMOS, TENGAMOS PRESENTE A DIOS.

APÓSTOL
DR. SERGIO CABELLO

Egresado del Instituto Teológico de la Adiel, mención Teología Pastoral. Año 1989. Certificado como coordinador de la fraternidad latinoamericana de estudios teoló-gicos FLET, año 1990. Egresado del Ciem (Centro Internacional de Estudios Ministeriales), con mención especial. Año 2008, Guatemala. Doctor en Teología y Ministerio Pastoral en la Universidad Latinoamericana de Teología, en California, U.S.A. Conferencista Internacional, ha llevado diversos mensajes a varios países como Curazao, Puerto Rico, Ecuador, Costa Rica y varias ciudades de U.S.A. Durante dos años se desempeñó como profesor de Teología Bíblica Pastoral en el Estado Vargas. Venezuela. También ha escrito el Libro Siembra y Cosecha. Ha fundado con la ayuda de Dios la Iglesia Luz del Mundo en Guanarito, estado Portuguesa, Venezuela 1979, Centro Cristiano Zuriel, estado Vargas, Venezuela 1997, Centro Cristiano Zuriel Curacao 2010, Zuriel Internacional Ministerio Apostólico, estado Vargas, Venezuela 2012. Director de la radio online Radiozima.

*Nos sería de mucha bendición
recibir sus comentarios
sobre este libro, por favor envíelos
a la dirección que aparece a continuación.
Paz, Salud y Bendiciones*

fundacionzima@gmail.com

www.zimainternacional.com